AF226052

VASLAV NIJINSKY

DESSINS SUR LES DANSES

DE

VASLAV NIJINSKY

PAR

GEORGE BARBIER.

GLOSE DE

FRANCIS DE MIOMANDRE.

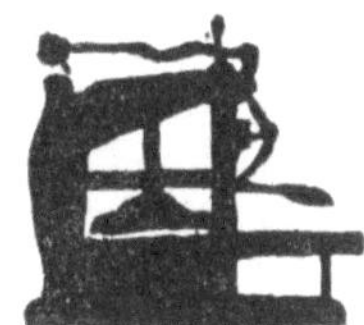

SE TROUVE:

A LA BELLE ÉDITION

71, RUE DES SAINTS-PÈRES, 71

A PARIS.

IL A ÉTÉ TIRÉ DE CET OUVRAGE :

50 EXEMPLAIRES SUR PAPIER JAPON, DES
MANUFACTURES DE SHIDZUOKA, NUMÉROTÉS DE
1 A 50, SIGNÉS ET PARAPHÉS DES AUTEURS
ET DES ÉDITEURS ; PLUS 340 EXEMPLAIRES SUR
PAPIER VÉLIN, NUMÉROTÉS DE 51 A 390.

First published in 1913
This edition published in 2020 by
The Noverre Press
Southwold House
Isington Road
Binsted
Hampshire
GU34 4PH

ISBN 978-1-906830-92-2

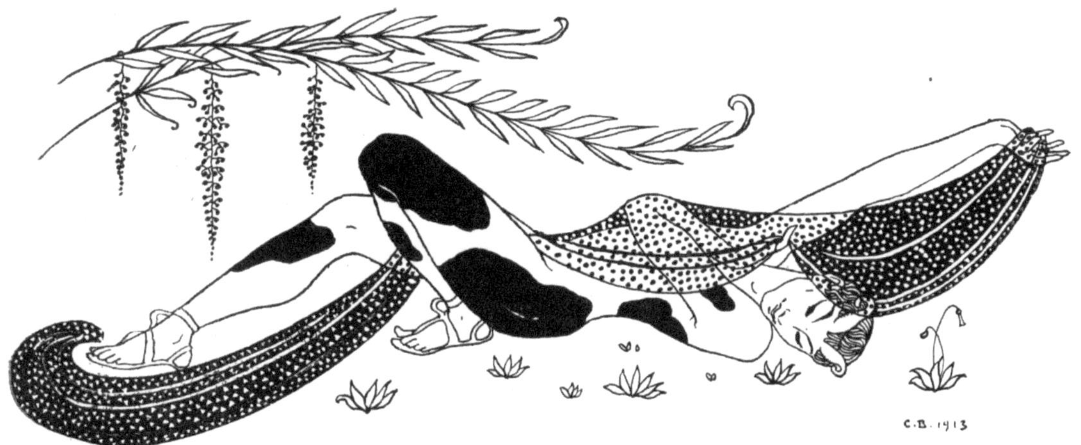

NIJINSKY.

IL est impossible de parler de Nijinsky comme on parle des autres artistes. Ils peuvent nous plaire, mais au fort de notre plaisir nous les jugeons, nous pensons aux difficultés qu'ils ont vaincues. Et du travail accompli par eux nous leur faisons un mérite. Mais devant Nijinsky nous ne songeons ni au mérite, ni au travail, ni aux obstacles surmontés, ni aux imperfections de la nature, ni à rien. Il nous apparaît comme d'une autre essence que nous, et nous ne sommes pas plus jaloux que nous ne le serions d'un être tombé d'une planète où l'air aurait plus de légèreté que sur la nôtre.

Vraiment, c'est un étranger au monde morose de la pesanteur:
il vole en souriant dans l'air, et nous le suivons des yeux, émerveillés.

Pourtant, c'est un artiste raffiné et profondément subtil.
Mais l'air d'irréalité que lui donne sa paradoxale jeunesse nous fait
croire qu'il sait tout de naissance, sorti tout vibrant et tel que le
voilà du cerveau de Terpsichore, la belle Muse. Il nous faut un
effort pour nous apercevoir que ce mime savant, que ce grand
acteur ne laisse rien au caprice et suit chaque détour du rôle avec
une attention merveilleuse. Pour un peu, nous oublierions de lui en
tenir compte, tant cela nous paraît naturel. Cette exigence est
peut-être l'hommage le plus rare que nous puissions adresser à
un artiste: ne pas même imaginer qu'il joue, mais qu'il vit. Et
attendre tout de lui comme s'il vivait, même le spasme mortel s'il
est marqué ainsi que le terme du jeu. Qui sait d'ailleurs?
Connaîtrons-nous jamais ce que Nijinsky met de soi-même dans ses
rôles, tragiques ou tendres? Un vrai poète, comme lui, ne peut
mentir, ni se réserver: il se donne tout entier à l'emportement
sacré de son imagination. Ne parlons donc pas de masques lorsqu'il
s'agit d'un visage qui se modèle lui-même, chaque fois pour chaque
passion. Nijinsky n'est pas un acteur qui change de costume, c'est
un homme qui entre dans des âmes inconnues.

Précieusement, je garde dans mon souvenir quelques unes des
images qu'il aura laissées de lui. Je ne crois pas qu'on puisse jamais
oublier ces exaltations.

Je le revois, Arlequin du *Carnaval*, poussant jusqu'à la plus
inquiétante perversité la malice célèbre du personnage, mais
corrigeant d'un accent de fantaisie et de burlesque ce que son

triomphe a de cruel. Je le revois, poète romantique en maillot blanc, la veste noire sur la chemise de batiste, rêveur et funambule, tournoyant sur la musique de Chopin.

C'est encore lui, couleur de rose et de rosier, couvert et couronné de roses, spectre de la rose tombée des mains d'une jeune fille après le bal, dans la fin de la nuit aux derniers rayons de la lune. Le voici, tellement soudain, si follement brusque et léger dans cette chambre blanche qu'on ne sait plus s'il est le fantôme du cavalier préféré dont l'enfant rêve déjà ou la fleur elle-même, ressuscitée. Et on ne le sait pas davantage lorsque, d'un bond, il disparaît dans l'air bleu du matin, laissant le silence de la réalité reconquérir l'espace qu'il avait un instant ébloui.

Est-il possible que cet adolescent, chaste et aérien, soit le même que, tout à l'heure, le nègre tumultueux de *Schéhérazade*? Jeune certes, mais dans une plénitude de formes d'athlète ou de bestiaire. Le bel esclave éthiopien! Rappelez-vous comme il se rue, lorsque la porte lui est ouverte, d'un jet et formidable. Et lorsque, perdant la tête, il s'abandonne à un tourbillonnement de folie, les dents éclatantes dans le masque sombre, le menton effilé pointant en avant et, les bras levés, sautant jusqu'aux frises où l'on s'étonne qu'il ne demeure pas suspendu. Et lorsque, ayant reconnu la sultane, il s'abat sur elle, tendu, haletant, épuisé: sans que ses mains la touchent, fiévreuses elles la parcourent du front à l'orteil, avec un frémissement si voluptueux et une telle science de la beauté du patient désir que nous en sommes presque hantés.

Le mouvement qui l'entraîne, le vertige qui l'entoure, la passion qui l'étire sont portés à un tel point de paroxysme que nous ne savons plus vraiment, lorsque dans le tumulte final l'atteint le glaive de l'éxécuteur si, en ces trois sursauts qui brisent son corps de grand fauve, il a succombé au fer vengeur ou à l'excès insoutenable de sa joie.

Le même homme, pantin cette fois, *Petrouchka* en bois verni, aux membres tout d'une pièce, au cou saccadé. Il est amoureux de la ballerine, qui aime le vilain Maure. Il se débat dans sa petite prison de papier, il est jaloux, il souffre, avec de pauvres mouvements pénibles, inachevés, un peu grotesques. Par quelle magie nous fait-il comprendre, cet homme déguisé en jouet, que ce jouet a des passions d'homme ?... Son masque enluminé est si pathétique : tout réduit et misérable.

Le voici dans un décor de forêt mythologique, Narcisse jouant parmi les nymphes rieuses, aimé d'Echo, déçu par elle, enfin épris de son image. Qu'il était jeune ainsi, penché sur la source, jeune comme un demi-dieu ! et son visage était mystérieux et touchant, comme si déjà nous l'avions vu en reflet et en rêve.

Je le revois, Daphnis en Arcadie, svelte, appuyé sur sa longue houlette rustique, et en Dieu bleu, fabuleusement irréel et vêtu de somptuosité.

Puis, comme s'il était insatisfait de tous ces rôles de mouvements, le voilà qui change, qui résout tout le drame de l'*Après-Midi d'un Faune* en attitudes hiératiques, en une succession d'états d'immobilité. Elevant dans l'air la grappe mallarméenne, poursuivant les dryades avec une maladresse enfantine et une ardeur à tout instant distraite, trompé par leurs feintes, enfin consolant sa détresse par un baiser à l'écharpe abandonnée de la plus tentante... et toujours inscrit de profil sur la frise du paysage sicilien.

C'est bien là que nous vîmes, dans ce rôle entièrement conçu par lui, combien pouvait être volontaire et calculé dans son art celui que nous ne pouvions nous empêcher de croire uniquement livré aux caprices de l'air, son maître, son élément.

Laquelle préférerons-nous parmi ces images si vives et si délicieuses, dont M. Georges Barbier dans cet album a saisi quelques unes, en plein vol, en pleine vie? Je n'ose choisir. Mais ce que je sais bien, c'est que de toutes, des plus mélancoliques ou des plus terribles comme des plus gaies, s'exhale un délire de joie, invincible, souverain. Car Nijinsky danse dans son bonheur, il danse avec son amour et sur le corps piétiné de sa douleur il danse aussi, lui, le sylphe.

Le monde nuancé de la vie intérieure, il l'exprime par des poses et des mouvements. Son art n'a rien de cette convention de la chorégraphie traditionnelle, dont nous ne pouvons plus désormais tolérer les fastidieux ébats. Ce n'est pas d'un poème choisi la traduction dans une langue artificielle, c'est le texte même, directement chanté par un acteur pathétique. Les mouvements du corps en proie au sentiment participent des émotions subies par le visage, fraternellement avec lui. La personne de Nijinsky se donne à chaque seconde tout entière, des pieds élastiques aux yeux bridés dans la face étrange.

Notre plaisir aux ballets russes vient de là. Ailleurs, tout est vieillot, suranné et nous pensons mélancoliquement aux dessous pénibles de ces mièvreries. Ici tout coule de source, généreusement. Peu nous importe un effort, peut-être considérable, puisque le sourire du bondissant acteur dénie, souverain, tout ce qui n'est pas lui-même et notre bonheur à le voir.

Nous avons nos désespoirs, nos tristesses, nos amours déçues et cette chose plus affreuse que tout : la fuite des jours entre nos mains qui n'en peuvent rien retenir. Mais, au printemps, les ballets russes et NIJINSKY reviennent. Et tout est oublié.

Non pas oublié, suspendu. Ah! quel poète pourrait parler du bien mystérieux que nous fait ce féerique étranger, au masque oriental, au corps sans poids? Le prestige de son talent subtil et de son extraordinaire jeunesse nous redonne, en un désir sans regret, je ne sais quelle illusion magique de l'adolescence perdue, comme si ce génie divin d'ignorer l'attrait de la terre et de marcher sur les chemins invisibles de l'air était un peu le nôtre, aussi.

Un enchantement suspend le cours de notre vie. NIJINSKY danse.

FRANCIS DE MIOMANDRE.

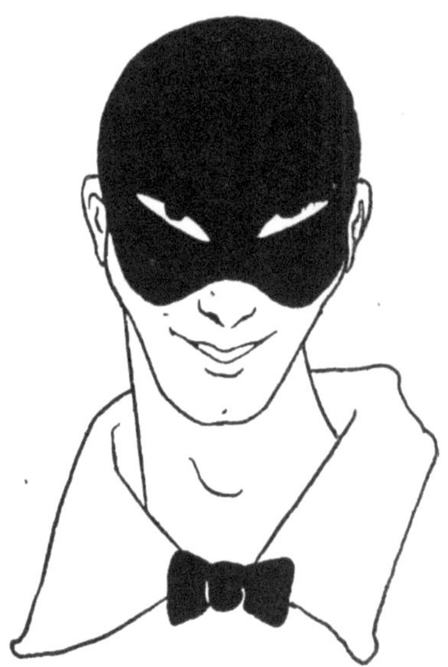

D. M.

Pueri Septentri

onis ANNOR XII Qui

Antipoli In THEATRO

Biduo SALTAVIT ET PLA

cuit.

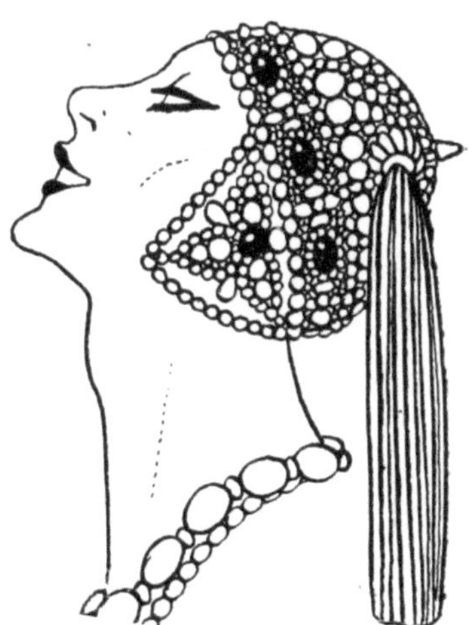

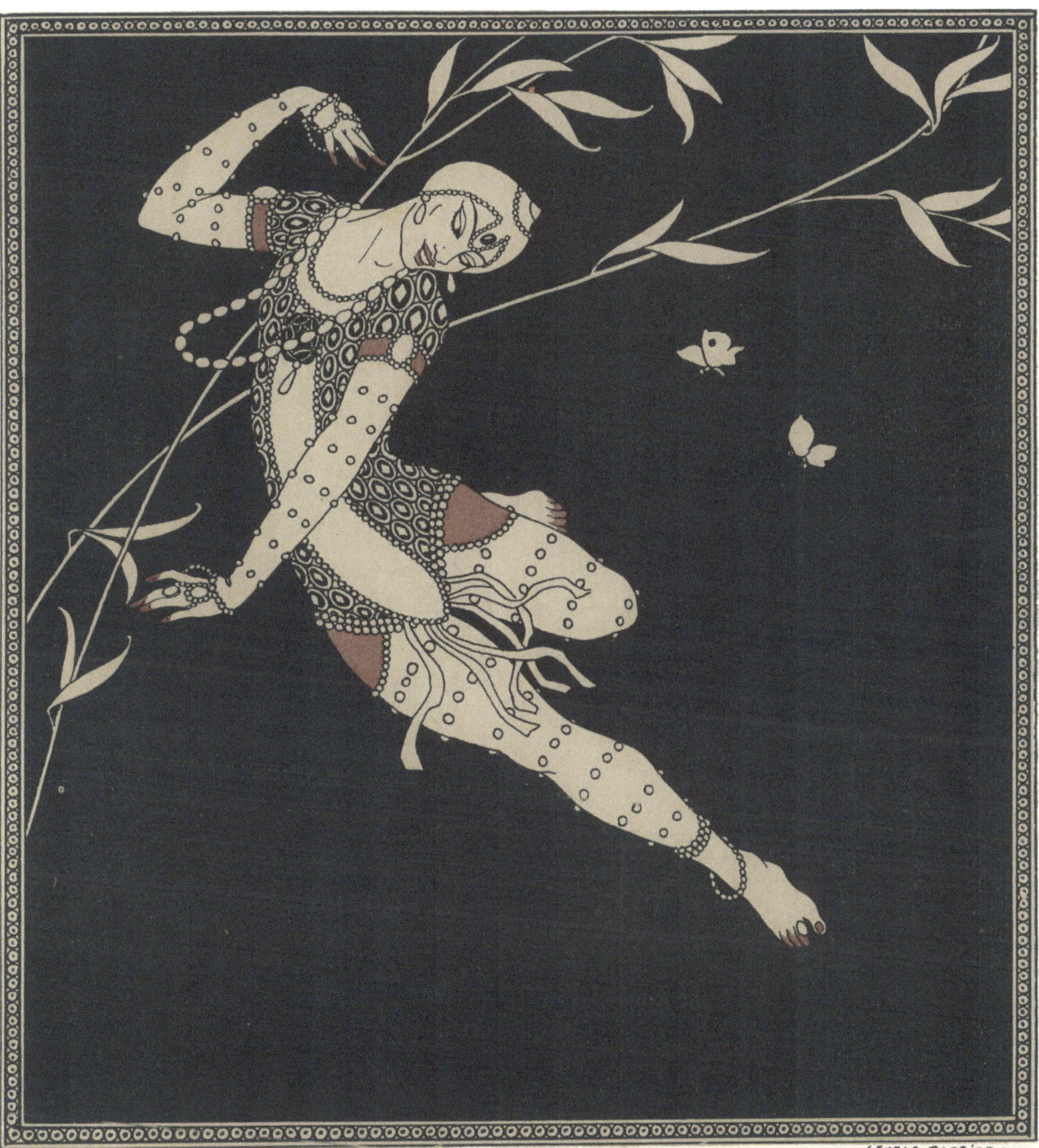

GEORGE BARBIER 1913

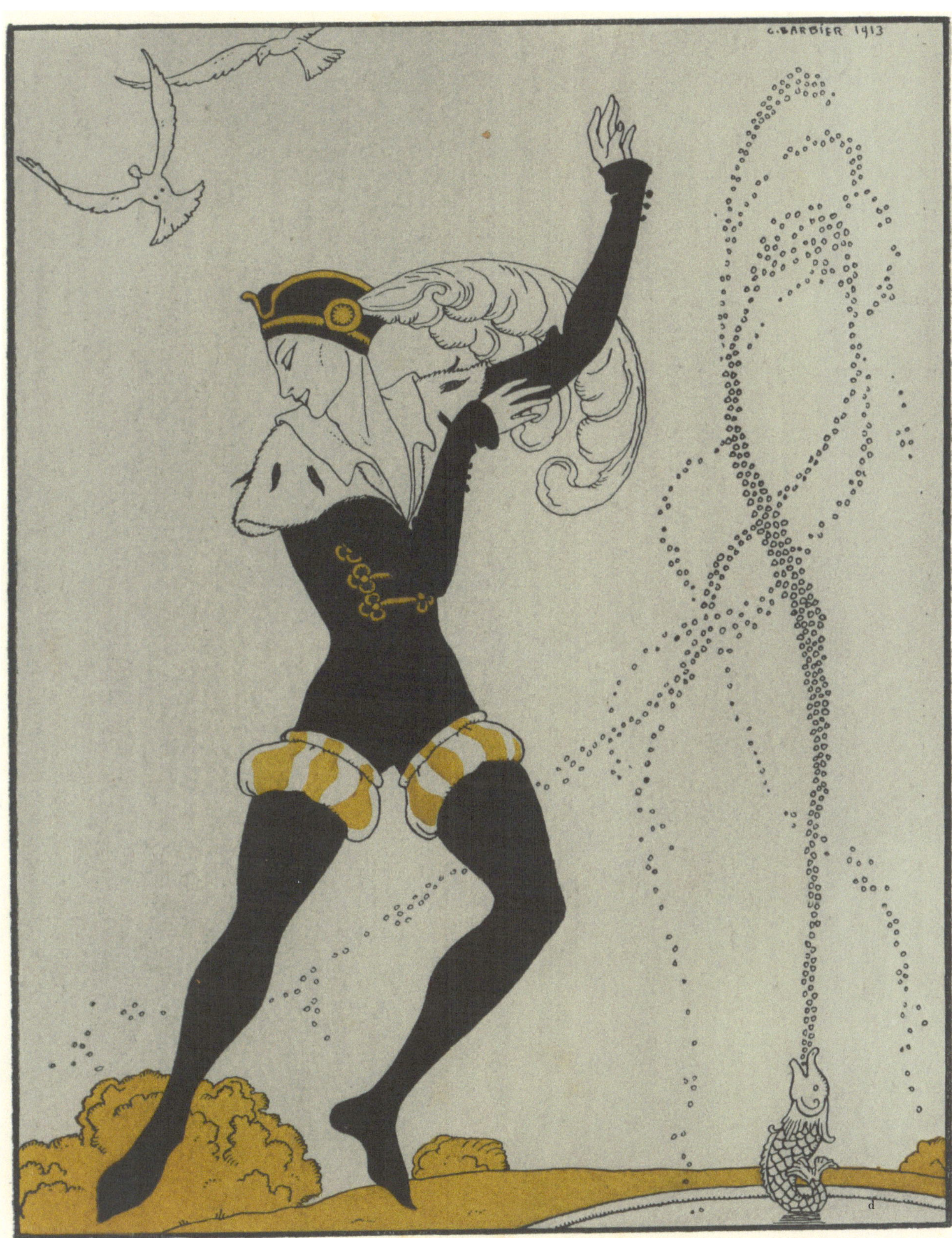
G. BARBIER 1913

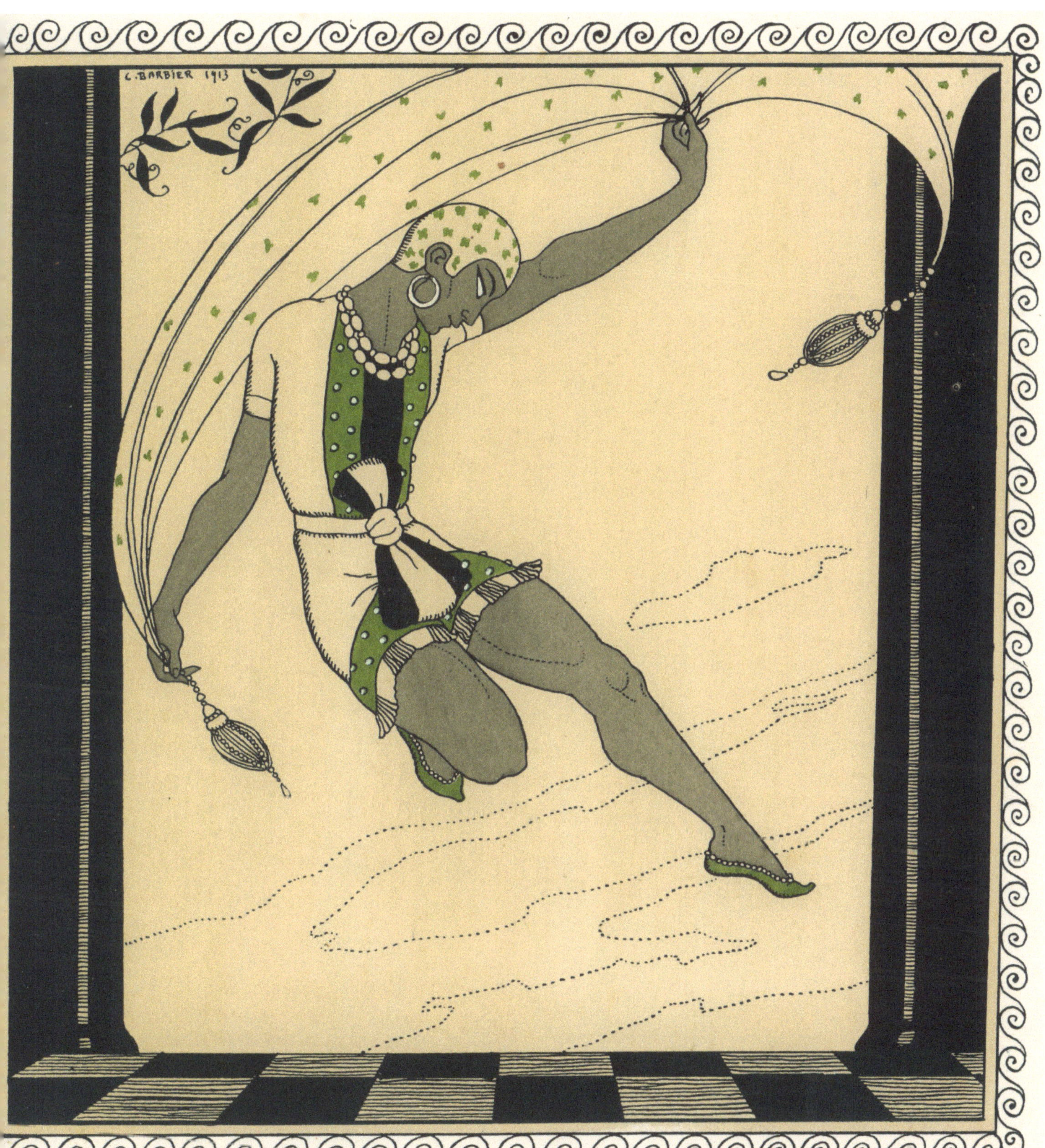
C.BARBIER 1913

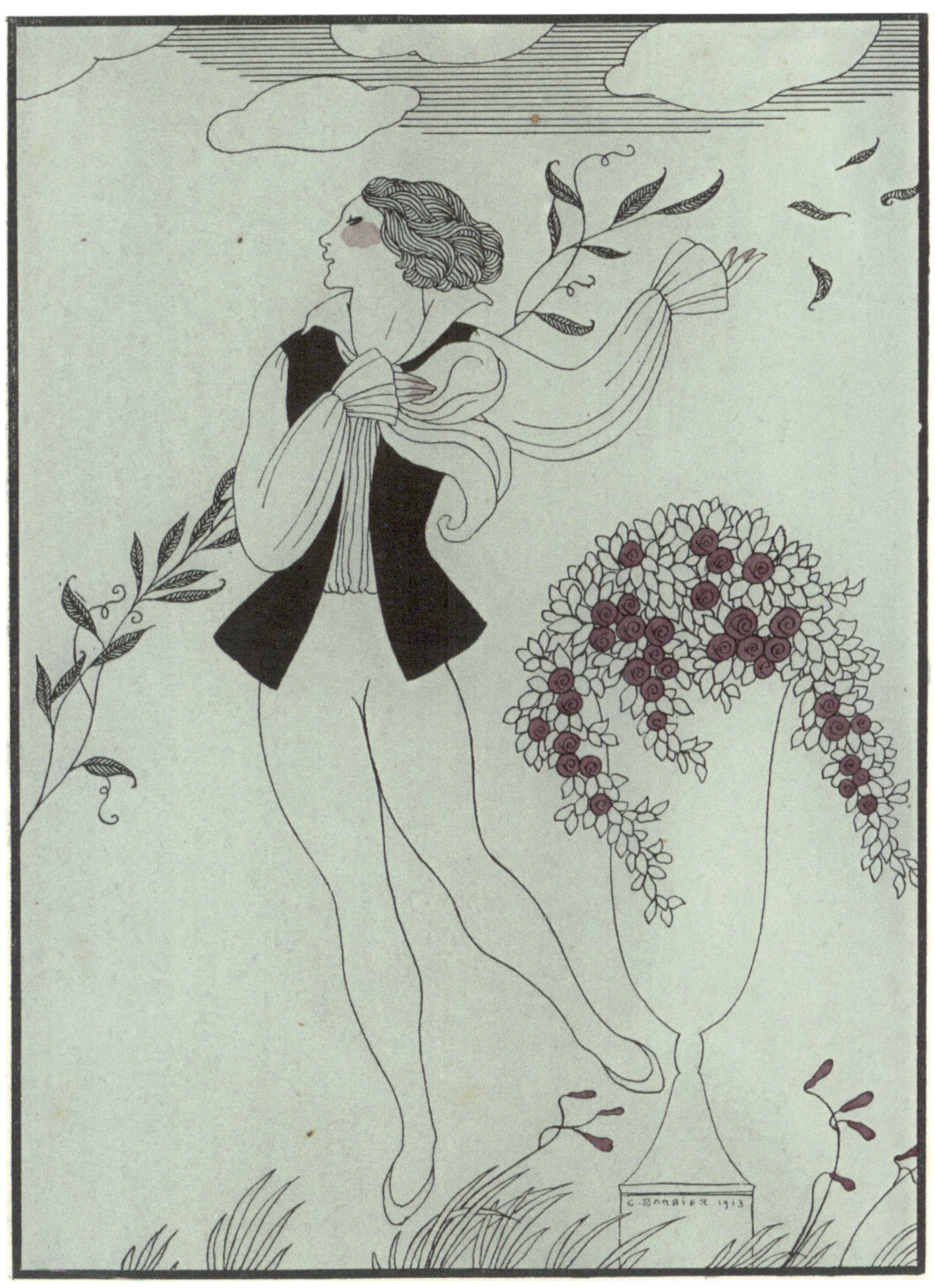
G. BARBIER 1913

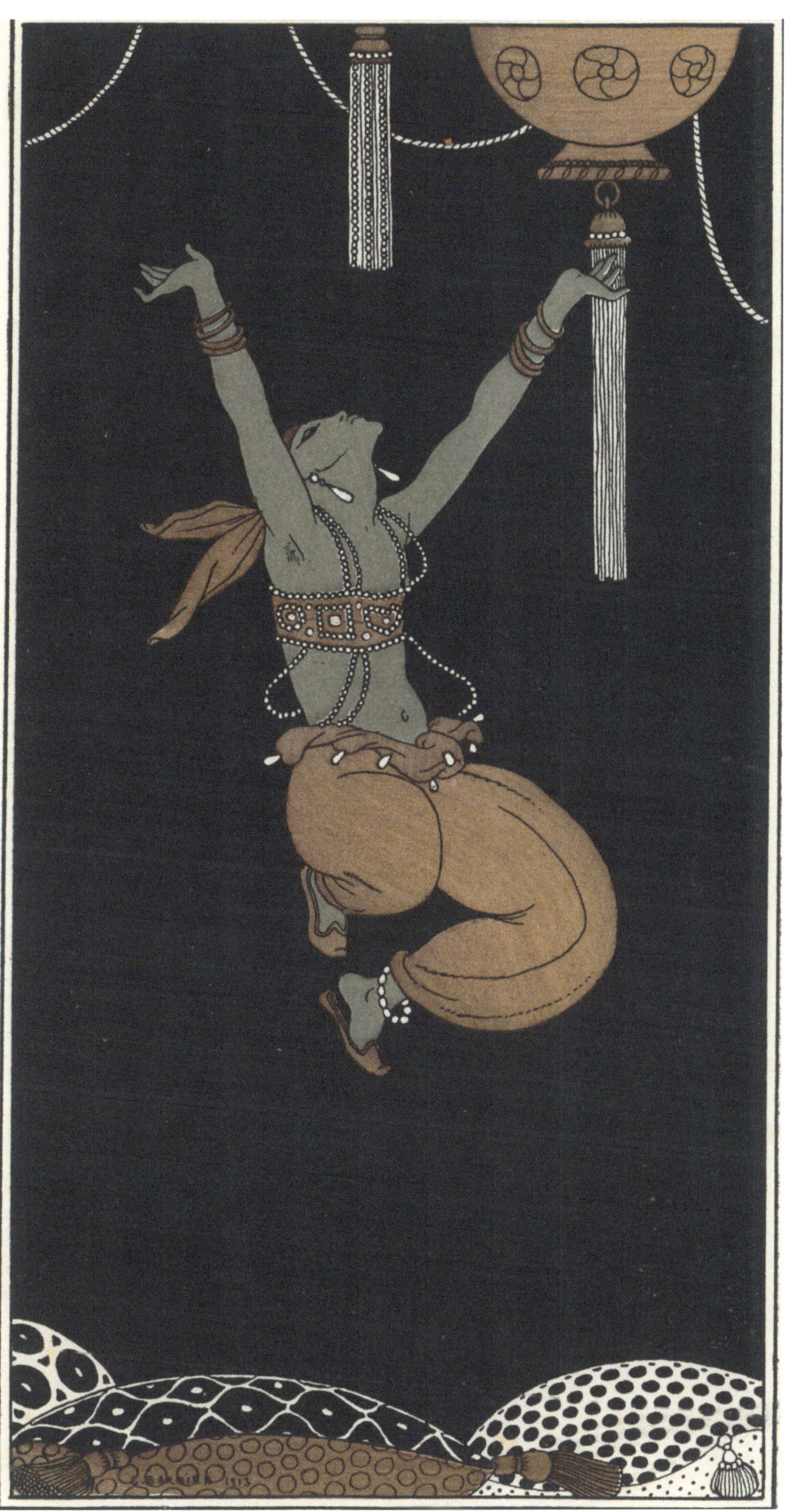

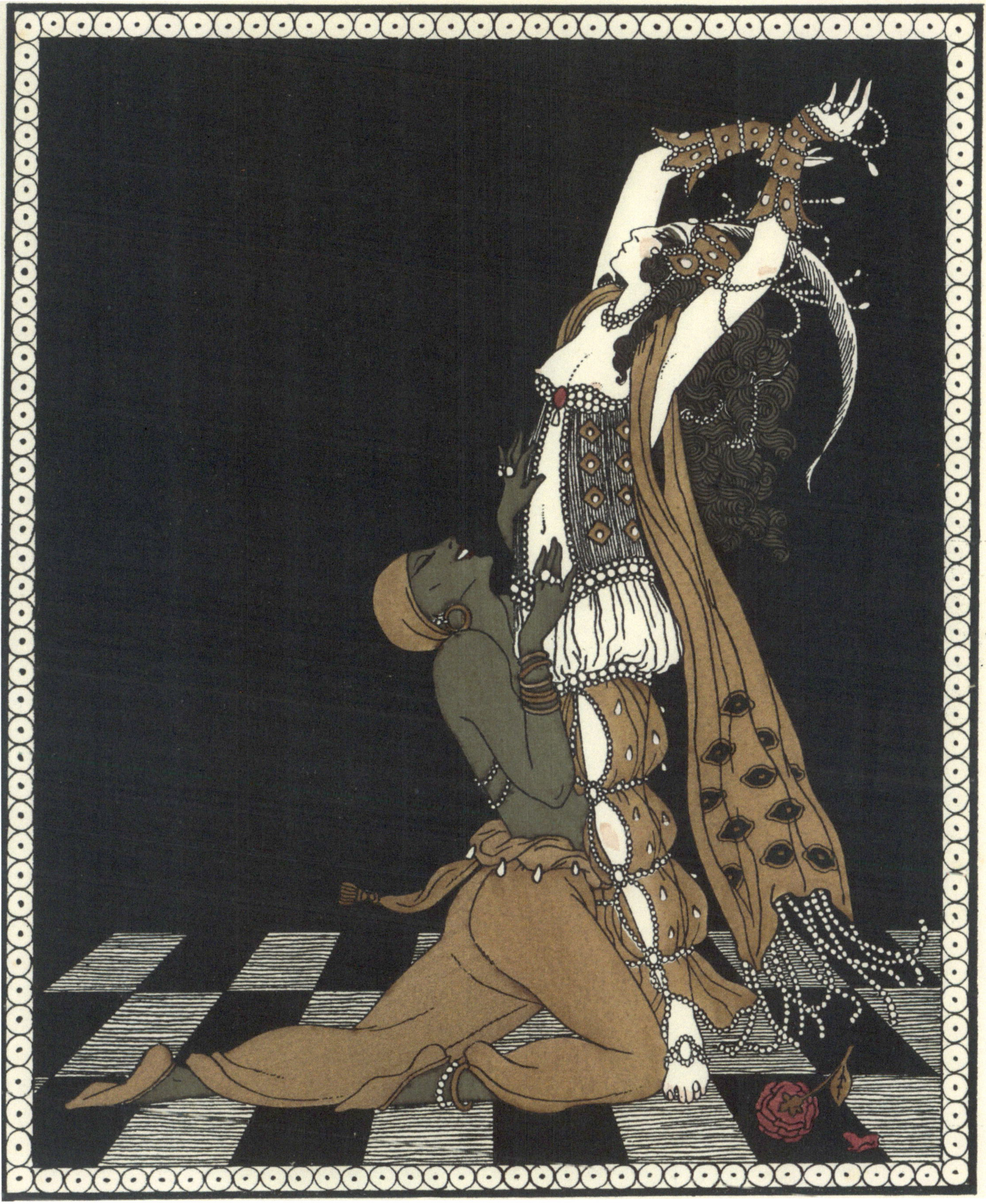

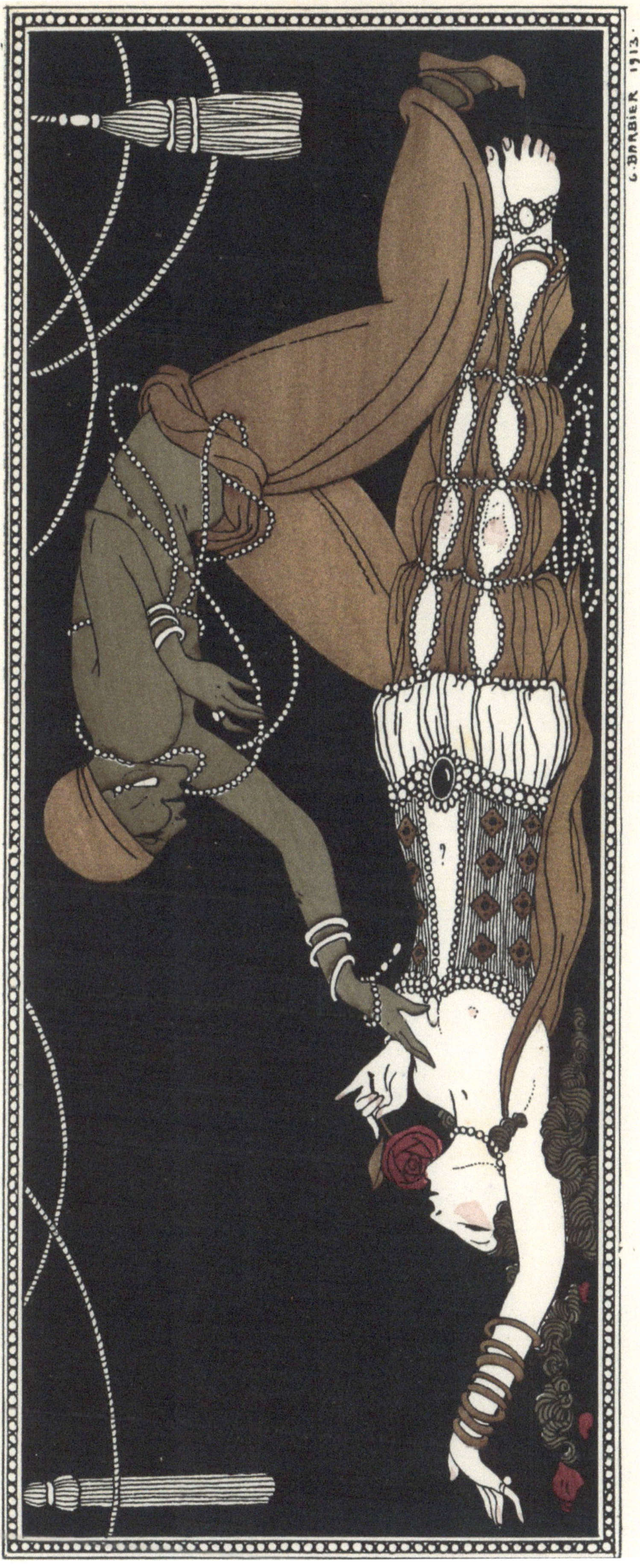

G. BARBIER 1913.

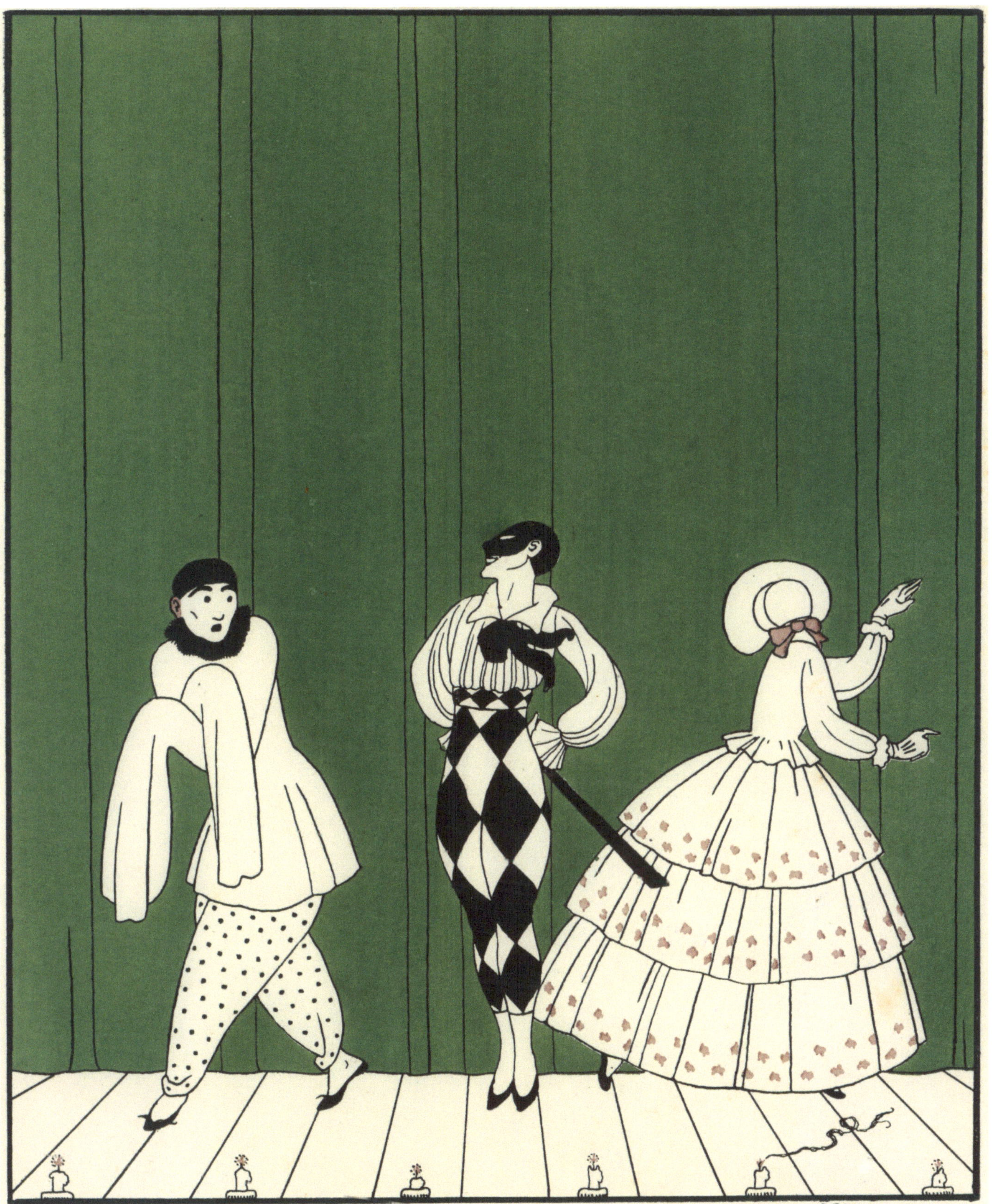
G.BARBIER 1913

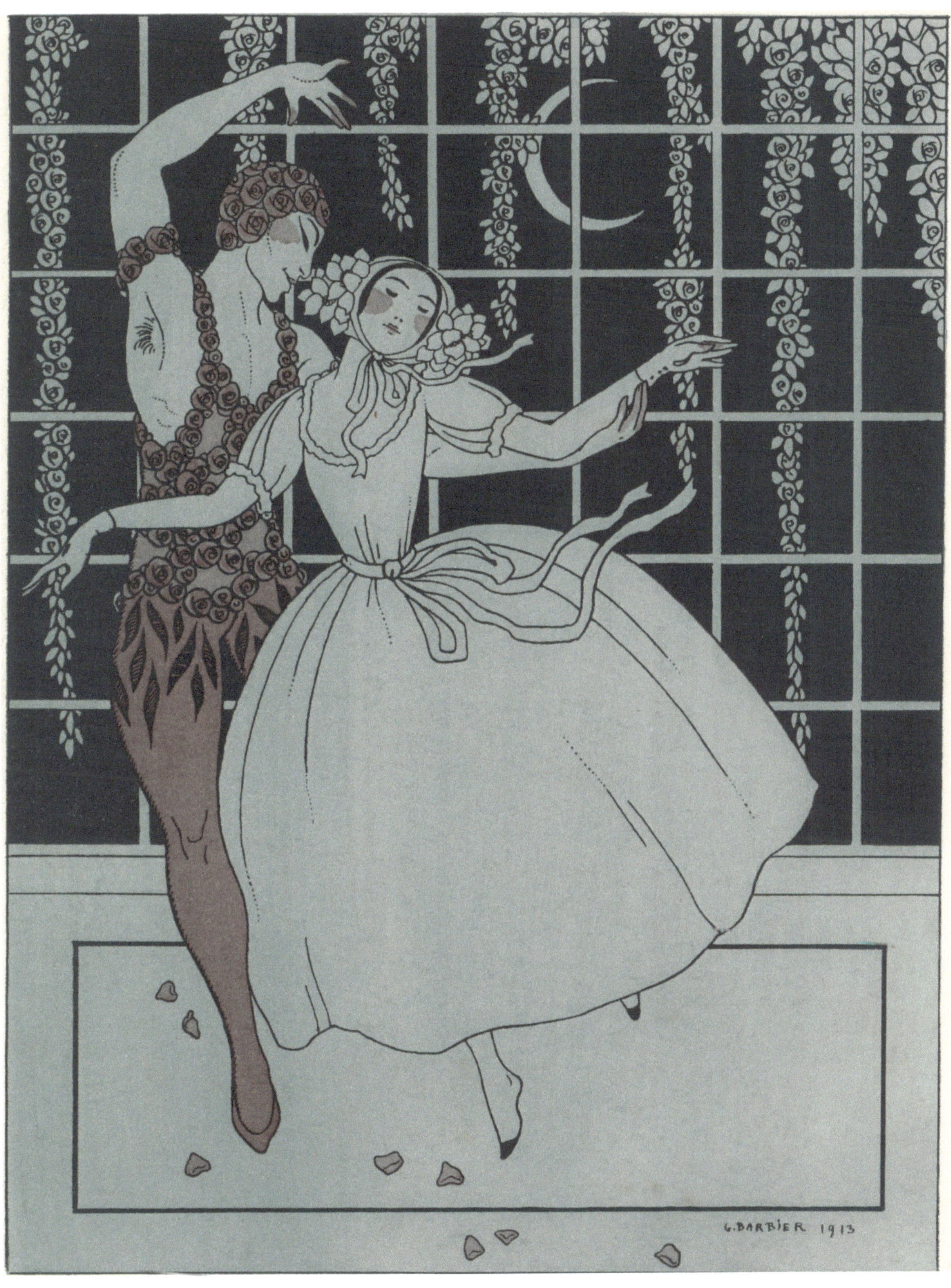
G.BARBIER 1913

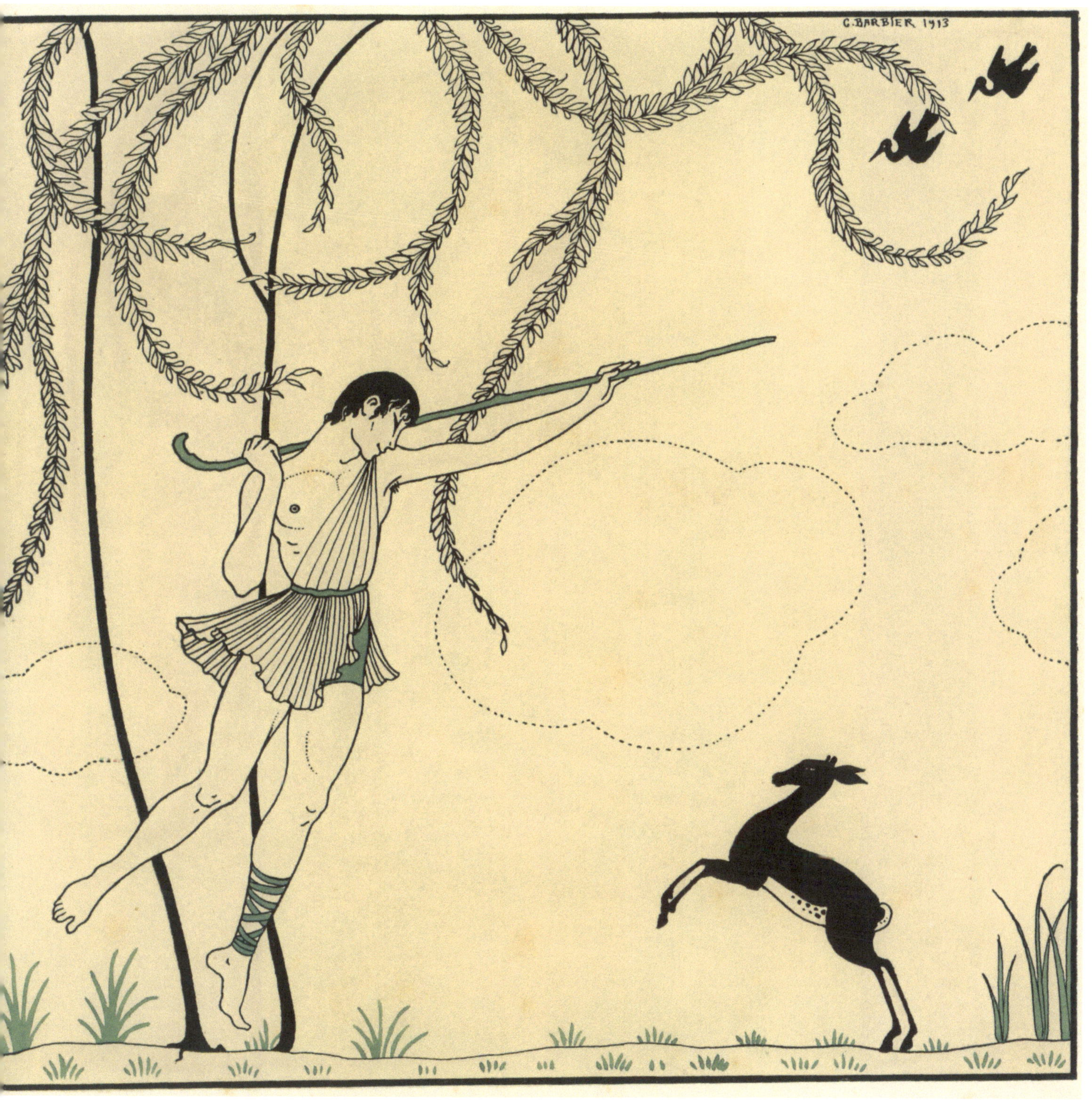

G. BARBIER 1913

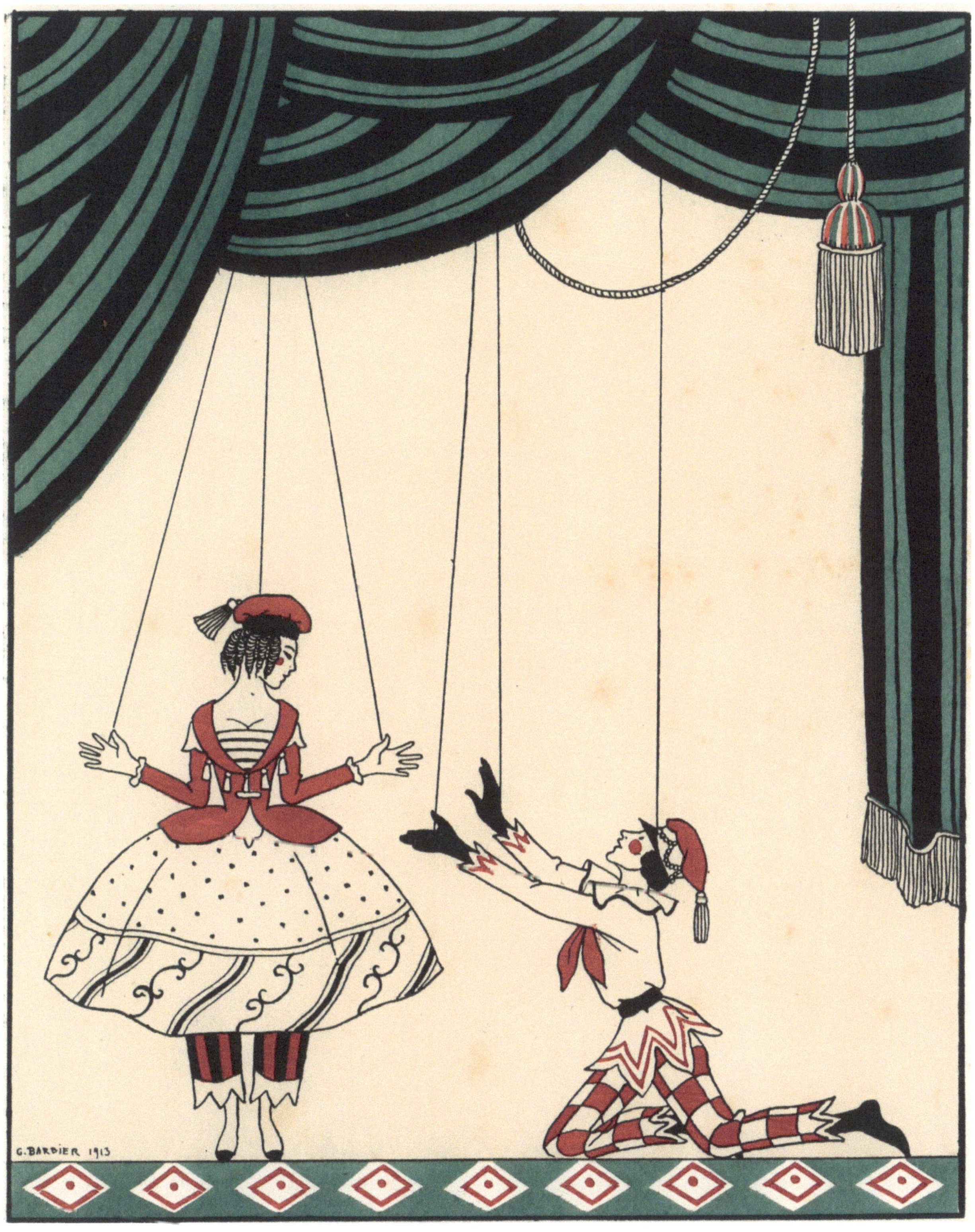

G.BARBIER 1913

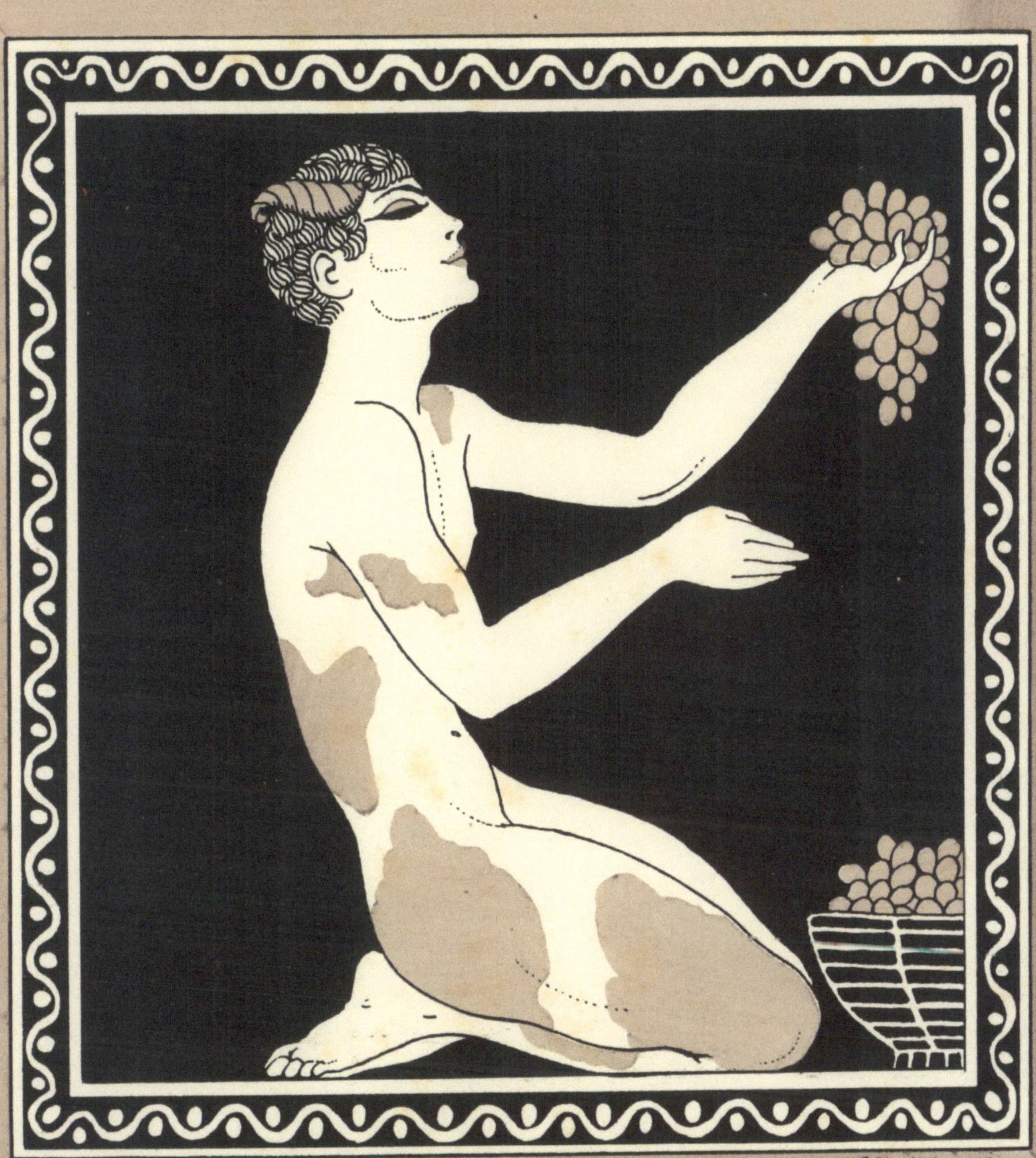

G.BARBIER 1913.

Achevé
d ' imprimer
le dixième jour
de Mai
dix neuf cent treize
sur les presses
de
LA BELLE ÉDITION
71, rue des Saints-Pères
A PARIS.